AF262148

NOTICE NÉCROLOGIQUE

SUR LA

R^{DE} MÈRE D'HOUET

FONDATRICE DES

FIDÈLES COMPAGNES DE JÉSUS,

PAR L'ABBÉ G.,

Missionnaire apostolique.

Avec permission de S. Em. Mgr le Cardinal MORLOT, *Archevêque de Paris.*

Laudent eam opera ejus (*Prov.*, XXXI, 31).
Que ses œuvres la louent.

PARIS

CHEZ JÉROME, LIBRAIRE,

rue St-Jacques, 162, près Ste-Geneviève.

1858

Versailles. — Imprimerie de BEAU Jᵉ, rue de l'Orangerie, 36.

A. M. D. V. q. M.

NOTICE NÉCROLOGIQUE

SUR

LA R^{DE} MÈRE D'HOUET

FONDATRICE

DES FIDÈLES COMPAGNES DE JÉSUS.

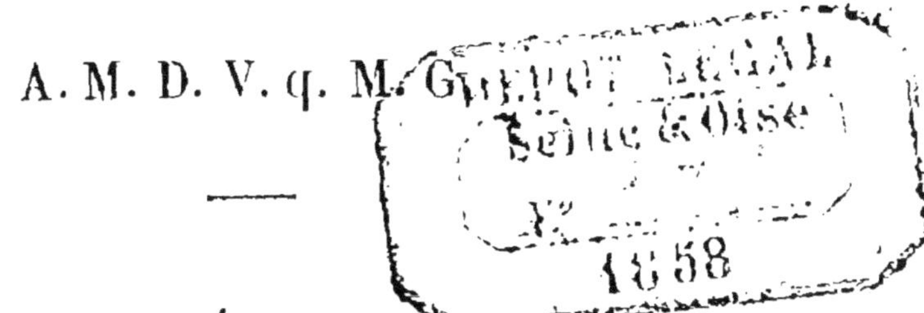

En attendant l'histoire détaillée dont je rassemble les matériaux, je publie cette Notice très-succincte, que j'appelle *nécrologique*, non-seulement parce qu'elle vient à l'occasion de sa mort, mais parce qu'il y sera plus question de sa mort que de sa vie.

Sa mort, du reste, a été un beau reflet de sa vie, et peut déjà en donner une idée que le lecteur appréciera.

Je résume donc ici sa vie dans le seul fait de la fondation des Fidèles Compagnes de Jésus.

Voici ce qu'en dit une petite histoire ecclésiastique publiée à Turin pour l'usage des écoles, en 1845 :

1

L'Institut des Fidèles Compagnes de Jésus commença en 1819, fut chaudement recommandé par Léon XII à tous les évêques de la chrétienté, et solennellement approuvé par bulle authentique de Sa Sainteté Grégoire XVI en 1837 (et non 39). Ces deux Instituts (le Sacré-Cœur et celui-ci) semblent porter également avec eux les bénédictions divines ; tous deux, fondés en France, ont pour objet l'instruction civile et chrétienne des jeunes demoiselles.

Ces Instituts se répandirent bientôt dans les missions étrangères, où, bénis du Seigneur, ils conduisent bien des âmes au bercail de J.-C. (*Storia ecclesiastica ad uso delle scuole*, Torino, 1845, p. 378, 9).

Les Fidèles Compagnes de Jésus, n'ayant eu connaissance de cet opuscule italien qu'après sa publication, n'ont pu rectifier les dates, qui sont un peu inexactes. Nous reproduirons ailleurs les lettres de Léon XII et de Grégoire XVI.

Des évêques missionnaires les ont plus d'une fois demandées pour leurs lointains diocèses ; mais jusqu'à présent elles n'ont pu étendre leurs missions qu'en Angleterre et en Irlande, où elles font beaucoup de bien.

Le bien qu'elles font en France, en Suisse, en Savoie, en Piémont, a été ainsi caractérisé par le vénérable P. Libermann, qui les avait connues à Amiens, puis à Paris : « Ce sont de bonnes religieuses qui font beaucoup de bien, mais sans bruit. »

L'âme de tout ce bien, la révérende Mère Marie-Madeleine-Victoire de Bengy, veuve de M. Antoine-Joseph de Bonnault-d'Houet, vient de mourir à Paris, le lundi de Pâques, 5 avril 1858, munie de tous les secours de la Religion.

Sa vie, depuis trente ans, n'était guère qu'une souffrance continuelle ; mais la force de sa constitution, et plus encore l'énergie de son caractère, la soutenait dans l'accomplissement des pénibles devoirs de sa charge.

Parfois cependant la nature semblait épuisée ; mais après quelques jours d'un repos forcé, elle reprenait sa correspondance si laborieuse et ses incessantes sollicitudes. Les médecins n'ont presque jamais pu obtenir qu'elle cessât entièrement de s'occuper d'affaires.

Depuis quelques années, les hivers surtout lui étaient très-pénibles, et, malgré les soins dont elle était entourée, elle avait des suffocations qui lui faisaient craindre d'être surprise par la mort ; aussi se faisait-elle donner l'absolution tous les soirs. Mais au bout de quelques semaines, elle se trouvait mieux, ou plutôt moins mal, et reprenait son train ordinaire, qui était d'agir et de souffrir tout ensemble.

Habitués à la voir ainsi revenir chaque année des portes de la mort, nous espérions encore cette fois être heureusement trompés ; nous ne pouvions renoncer à cette chère illusion : hélas ! nous avons été trompés d'une manière bien différente ; sa mort, sans être tout à fait imprévue, nous a pourtant surpris.

Elle seule ne se faisait point illusion ; aussi a-t-elle pourvu à tout, et longtemps d'avance ; mais précisément parce que cette prévoyance datait de loin, nous nous étions fait une douce habitude de la regarder comme n'ayant qu'un objet assez éloigné.

Il y a environ deux ans, dans une de ces crises où elle se croyait près de sa fin, ne pouvant écrire elle-même ses derniers avis, elle me chargea de recommander à ses Filles : 1° le silence, dont l'observation avait conservé jusqu'alors le bon esprit dans la Société ; 2° de n'aller au parloir qu'avec la réserve exigée par l'esprit de leur institution.

Déjà elle m'avait dit : « J'espère que vous ne les abandonnerez pas ces pauvres enfants ? » Je crus d'abord qu'elle parlait des élèves, mais je vis ensuite que c'étaient les religieuses.

Vers le même temps, elle me pria de dire ou de faire dire deux annuaires de messes pour des obligations qu'elle craignait de n'avoir pas bien remplies. Quoique ce doute me parût peu fondé, il m'a été d'autant plus facile de satisfaire son désir, qu'en ma qualité de missionnaire, je ne reçois point d'honoraires, et que j'ai mis depuis longtemps toutes mes messes à la disposition de cette Société.

Dès le commencement de 1856, elle pourvoyait au gouvernement de la Société en écrivant de sa main tremblante :

« Je nomme Mère Julie Guillemet pour conduire

et gouverner la Société jusqu'à ce qu'il y ait une Supérieure générale de nommée, comme le disent nos constitutions.

Paris, huit janvier mil huit cent cinquante-six.

DE BENGY D'HOUET,
Supérieure générale. »

On a trouvé d'autres papiers de cette même année 1856, par lesquels elle mettait ordre aux affaires temporelles de la Société, de manière à satisfaire en même temps son fils et unique héritier, M. le vicomte de Bonnault d'Houet.

Mais la prévoyance de la révérende mère d'Houet remontait encore plus haut : pour mieux assurer la conservation de ses maisons de France, elle avait sollicité pour sa congrégation l'approbation du gouvernement, qui lui fut accordée par décret du 8 octobre 1853.

Tout en pourvoyant ainsi aux intérêts temporels de la Société, elle mettait bien plus de sollicitude encore à en assurer l'avancement spirituel. Quoique pouvant à peine parler, elle réunissait encore souvent ses religieuses en retraite, leur rappelait leurs saintes Règles, les exhortait fortement à y être toujours fidèles, et, outre les avis généraux, parlait à chacune en particulier, selon ses besoins personnels.

L'avancement des autres ne lui faisait pas négliger le sien propre ; au contraire, elle y trouvait de quoi s'humilier, se reprocher sa tiédeur, s'exciter à mieux faire. Lorsqu'elle avait à parler des défauts de quelques-unes de ses Sœurs, elle ajoutait : « C'est bien moi qui suis la pire de toutes ; je ne sais pas comment le bon Dieu m'a mise dans une telle place. Quand est-ce donc que je me corrigerai de mes défauts ? Je ne me comprends pas moi-même : je suis sur le bord de ma fosse et je ne change pas ! Je prends bien des résolutions, mais je me retrouve toujours la même. »

Depuis deux ou trois ans, le sentiment de sa fin prochaine la poursuivait sans l'effrayer ; elle ne craignait que de n'être pas assez bien préparée. Mais elle était parfaitement tranquille sur l'avenir de sa Société : « Ce n'est pas mon œuvre, disait-elle, c'est l'œuvre de Dieu ; il saura bien la soutenir s'il le veut. Personne n'était moins propre à cela que moi. Il trouvera bien quelqu'un plus capable de continuer. Il est temps que je m'en aille : quand une Supérieure générale est toujours malade, beaucoup de choses restent en souffrance. »

Et pourtant, malgré le délabrement de sa santé et l'épuisement de ses forces, elle pourvoyait encore, non-seulement aux intérêts généraux de la Société, mais à une foule de détails, oubliés souvent par de jeunes religieuses.

Elle arriva ainsi au mois de mars 1858, qui multiplia ses mérites avec ses souffrances. Quoiqu'elle ne pût dissimuler les maux qu'elle endurait, elle ne dévoilait pas à ses religieuses tout le mystère de ses tortures, pour ne pas trop les affliger.

Elle m'en faisait quelquefois la confidence, non pour se plaindre, mais pour recevoir quelques paroles d'encouragement.

« Je n'aurais jamais cru, disait-elle, qu'il fût possible de tant souffrir. Ah ! que Dieu a de puissance pour nous châtier ! »

Une autre fois, elle sentait que Dieu donnait puissance au démon pour la tourmenter : « Je le sens, dit-elle, qui rôde autour de moi comme un lion rugissant, cherchant à me dévorer. Oh ! qui me délivrera de ce monstre ! »

Ses souffrances étaient d'autant plus grandes, qu'elle n'y trouvait presque point de soulagement. Le lit, bien loin de la reposer, la suffoquait, au point qu'elle avait scrupule de s'y mettre, craignant d'avancer sa mort ; aussi a-t-elle passé les dernières semaines de sa vie presque sans interruption sur un fauteuil, où ses coudes devaient être bien meurtris.

Non-seulement elle ne demandait point d'être délivrée de ses souffrances, mais elle finit par me supplier de ne point prier pour son corps. « Je ne demande point ma guérison, disait-elle ; je ne veux que l'accomplissement de la sainte volonté de Dieu ; je serais bien fâchée de vouloir autre chose. »

Un jour qu'elle m'avait dit que son état, pour le corps, était le plus affreux qu'on pût imaginer, je lui dis que c'était un excellent Purgatoire ; elle se récria : « Oh! qu'est-ce que c'est que cela ? ce n'est rien du tout ; j'en mérite bien d'autres ! »

Tout ce qu'elle souffrait ne l'empêchait pas de tout prévoir pour sa chère Société, de s'en entretenir longuement, malgré sa difficulté de parler. Toute sa plainte était : « Mon Dieu, ayez pitié de moi ! Mon bon Maître ! »

D'autres paroles édifiantes qui n'avaient pas rapport à ses souffrances, s'échappaient quelquefois de son cœur, si plein de foi et de charité. Un jour, parlant avec enthousiasme des mérites de la *Compagnie de Jésus*, fondée par saint Ignace, elle ajouta : «Quel bonheur pour nous, pauvres femmes, d'avoir un si beau nom ! Comment aurions-nous osé l'espérer? »

Au milieu des tribulations qui l'ont assaillie jusqu'à la fin, elle disait : « Ah ! au ciel tout cela nous paraîtra bien peu de chose ! »

Aux approches de la fête de saint Joseph, pour qui elle avait une tendre dévotion, comme elle se sentait toujours plus mal, elle espérait mourir le 19 mars. Elle avait même prié saint-Joseph de lui obtenir cette grâce, *si c'était la volonté de Dieu.*

Elle désirait au moins communier pour cette fête qui lui était si chère ; mais elle ne pouvait rester à jeun ; et pourtant elle ne se trouvait pas assez mal pour communier en Viatique. Elle me rappela que l'an dernier, à pareil jour, je lui avais porté la sainte Communion un peu après minuit. Je lui dis que je le ferais encore volontiers ; ce fut pour elle une grande consolation ; mais la fête passa, et elle vivait toujours. Elle en témoigna un véritable regret : « C'était un si beau jour pour aller au ciel ! Vraiment, saint Joseph m'a oubliée. » Pour la consoler, je lui dis Il y a encore l'Octave. Elle s'accrocha à cette parole comme à une prédiction ; elle me la rappela souvent pendant la semaine : « Ce n'est pas moi, c'est vous, mon père, qui avez fixé le jour de l'Octave. »

Il y avait, en effet, à la fin de cette octave deux beaux jours encore : l'Annonciation, puis la Compassion de la sainte Vierge, qui, cette année, arrivait le 26 mars.

Le 24, quoiqu'il n'y eût pas péril imminent, elle voulut recevoir le saint Viatique et l'Extrême-Onction : ce fut vers cinq heures du soir, toujours sur son fauteuil, qu'elle ne quittait guère. Elle écouta avec une simplicité d'enfant les petites exhortations que je lui fis alors, et, malgré ses souffrances, se prêta à tous les mouvements qu'exigeaient ces cérémonies.

Les élèves, informées de son état, voulurent communier pour elle à la fête du lendemain. Pendant que je les confessais, craignant une surprise pour la nuit, elle me fit supplier de retourner près d'elle, et d'écrire quelques avis importants qu'elle aurait voulu donner à ses religieuses :

« Que le silence, l'obéissance, la pauvreté règnent dans la Société ; moyennant quoi, Dieu la conservera lui-même, comme Il l'a fait jusqu'ici.

» Point de parloir, sauf les cas de nécessité.

» Ne point garder dans la Société les personnes qui ne seraient pas bien régulières. »

Dans la journée du jeudi, elle se trouva mieux, et nous espérions qu'elle allait se remettre, comme les années précédentes. Elle, au contraire, espérait toujours mourir le 26, octave de *saint Joseph* et fête des *Douleurs de* MARIE. N'était-ce pas, en effet, avec *Marie* et les saintes femmes au pied de la croix, que la Société avait pris naissance? Et n'y avait-il pas une sainte et douce harmonie dans ce rapprochement du berceau de la Société avec la tombe de sa fondatrice? Surtout si l'on se rappelle que, dans le style de l'Eglise, la mort des justes est le jour de leur *naissance, Natalitia,* et que leur tombe est le berceau de leur immortalité.

Elle désirait donc mourir ce jour-là ; mais craignant toujours la moindre apparence de non-conformité à la volonté divine, elle me dit : « Je ne sais si j'ose demander cela. » Je lui dis qu'elle le pouvait, conditionnellement. Alors elle me pria de recommander cette intention, sans la spécifier, aux prières des religieuses, des demoiselles pensionnaires de la maison de Paris et des orphelines de Gentilly.

Cette dernière espérance ayant encore été déçue, elle dit : « Ce sera maintenant quand le bon Dieu voudra. »

La semaine sainte arrive, sans qu'il y ait de changement notable dans son état.

Le dimanche des Rameaux, 28 mars 1858, ayant eu une très-mauvaise nuit, et se croyant à l'extrémité, elle me fait appeler à quatre heures et demie, avec quelques Mères et Sœurs, pour déclarer qu'elle n'est pour rien dans la fondation de cette Société ; que c'est Notre-Seigneur qui a tout fait ; qu'elle atteste la vérité des faits consignés dans ses notes. « Après ma mort, dit-elle, on fera ce que l'on voudra de ces notes ; cela ne servira peut-être qu'à nous faire moquer, mais c'est pourtant bien vrai. »

Tout ceci s'éclaircira dans une histoire détaillée, où l'on verra comment elle est ou n'est pas fondatrice, et comment elle a pu affirmer en toute vérité qu'elle ne l'était pas.

Elle en avait déjà parlé pendant la nuit aux personnes qui la veillaient : elle le leur fit répéter devant moi, pour s'assurer qu'elles avaient bien compris. Puis, elle nous pria de réciter un *Veni Sancte Spiritus*, parcè qu'il s'agissait d'une chose très-importante.

Alors, faisant le signe de la croix, elle dit d'une voix assez forte pour être entendue dans toute la chambre : « En présence de Notre-Seigneur et de la très-sainte vierge MARIE, je déclare que je ne suis pour rien dans la fondation de cette Société. »

Elle me demanda si cette déclaration était assez solennelle, s'il ne faudrait pas la répéter et la faire répéter, main levée, par toutes les personnes présentes. Je lui dis que c'était très suffisant.

« Je vous prie aussi, dit-elle, de dire à nos Sœurs que je reconnais bien que j'ai commis beaucoup de fautes dans la direction de cette Société, et que j'ai grand besoin de la miséricorde de Dieu. »

Ceci n'était que le prélude d'un autre acte que nous retrouverons au samedi-saint.

Enfin, elle me remercia affectueusement de ce que j'avais fait pour la Société ; je lui dis que j'avais fait volontiers ce que j'avais pu, et que je continuerais avec la grâce de Dieu, que j'espérais qu'elle la demanderait pour moi. « De tout mon cœur, » dit-elle.

Le lundi-saint, elle se trouva mieux le matin ; mais le soir, ses souffrances redoublèrent. Elle en tira une conclusion qui d'abord m'étonna, c'est qu'on est heureux de sauver des âmes. Elle m'avait déjà dit un des jours précédents : « Comment peut-on s'occuper d'autre chose que de sauver des âmes ? » Cette fois, elle ajouta : « On le sent plus vivement dans la souffrance ; on comprend mieux le malheur d'une âme condamnée à souffrir éternellement. Ah! la perte d'une seule âme, quel mal affreux! Et si j'allais être damnée ? Qui est-ce qui a plus mal répondu que moi aux grâces de Dieu ? »

Et alors elle rappela quelques exemples terribles de personnes réprouvées après de beaux commencements.

Je lui dis d'opposer à tout cela l'espérance chrétienne. « Oui, sans doute, reprit-elle d'un ton qui était bien celui de l'espérance, mais tant d'ingratitude et d'infidélité après tant de grâces ! Je ne crois pas qu'il y ait personne à qui Notre Seigneur ait témoigné plus d'amour. »

Elle m'en cita des preuves de fait, sur lesquelles elle me demandait alors le secret, mais qui trouveront place dans sa biographie.

Le mardi et le mercredi-saint, continuation de souffrances, mais sans aggravation notable. Je lui disais qu'elle avait une excellente manière de célébrer les mystères douloureux de cette grande semaine : « Oui, dit-elle, si je savais en profiter. » Je doute qu'il fût possible d'en profiter mieux.

Le jeudi-saint, 38e anniversaire de la fondation de la Société, semblait également bien choisi pour son entrée au ciel ; mais le contraire arriva. Les jours précédents, elle se désolait de ne pouvoir parler aux religieuses qu'elle avait fait venir de différentes maisons : « C'est bien triste pour nos Sœurs de s'en aller sans que j'aie pu leur rien dire. » J'espère, lui dis-je, que le bon Dieu vous en donnera la force.

En effet, le jeudi-saint, 1er avril, elle se trouva si bien, qu'elle se flattait déjà d'aller à la messe le dimanche de Pâques. Elle réunit les Mères, leur rappela que ce jour anniversaire de leur fondation devait toujours être pour elles un jour de grande solennité ; qu'il fallait se renouveler dans l'esprit de leur institution, se reporter en esprit et en affection au pied de la croix avec Marie et les saintes femmes.

Alors, elle leur fit lire un passage de ses mémoires,

que nous reproduirons plus tard, où elle raconte comment les croix, les humiliations, les épreuves de tout genre lui furent proposés comme les moyens par lesquels N.-S. J. C. voulait établir et conserver cette Société; comment, après un moment d'hésitation, elle avait accepté cette voie douloureuse; enfin, elle obligea chacune des Mères présentes de renouveler cette acceptation, et d'en conserver la formule écrite plus encore dans leurs cœurs que sur le papier.

Le vendredi-saint, 2 avril, elle me fit appeler de grand matin; je crus qu'elle allait mourir, je me munis du rituel pour lui dire les prières des Agonisants.

Au contraire, je la trouvai réellement mieux; elle voulait me demander si elle avait quelque obligation à remplir ce jour-là, me faisant observer seulement qu'elle ne pouvait supporter ni le chant, ni la foule. Je lui dis qu'elle n'avait aucune obligation à remplir, qu'elle aurait part aux offices de ce saint jour en y unissant son intention et ses souffrances.

Alors elle témoigna un grand désir non-seulement d'avoir la messe, mais de communier le jour de Pâques; et ne se croyant pas assez mal pour communier en viatique, elle n'osait me prier de venir à minuit comme pour la fête de saint Joseph. Je lui promis de la satisfaire; mais malheureusement elle fut bientôt elle-même dans l'impossibilité de se procurer ces consolations.

Cependant la journée du vendredi-saint se passa bien : elle put parler à chacune des Mères en particulier et longuement, comme elle l'avait désiré ; mais le soir elle se sentit extrêmement fatiguée. Elle ne demanda pourtant pas l'absolution ce soir-là.

Je crus qu'un peu de repos la remettrait ; mais non ; le samedi-saint, elle me fit prier de la voir avant de partir pour Gentilly, et me demanda cette fois l'absolution. Je revins avant midi. On la trouvait plus mal ; on me pria même de lui dire les prières des Agonisants avant qu'elle perdît connaissance.

Elle jouissait pleinement de toutes ses facultés, et ce fut alors qu'elle voulut demander pardon à la communauté.

Elle attendit que toutes les personnes qui pouvaient venir fussent réunies. Elle était alors comme blottie au fond de son lit, soutenue par plusieurs oreillers appuyés au coin du mur ; elle ne souffrait guère moins là que sur son fauteuil, mais il fallait bien changer quelquefois de situation.

Ce fut de là, comme du trône de son humilité, qu'elle prononça d'une voix affaiblie, mais de l'accent le plus pénétré, du ton de la plus profonde componction, ces paroles que j'entendis seul, me trouvant le plus près d'elle : « Je demande bien pardon à nos Sœurs de tous les mauvais exemples que je leur ai donnés, et de toutes les peines que je leur ai faites. »

J'étais trop ému pour pouvoir alors répéter ces paroles ; et d'ailleurs, comment les pauvres religieuses éplorées auraient-elles pu les entendre ? Ne se seraient-elles pas plutôt jetées à ses pieds pour lui demander pardon à leur tour !

Un morne silence régna autour de ce lit, qui renfermait tant de vertu.

Enfin, nous récitâmes les prières des Agonisants ; mais nous reconnûmes bientôt que sa fin n'était pas si prochaine, et que, si c'était son agonie, elle devait se prolonger pour accroître encore ses mérites. Elle laissa échapper quelques mots, qui n'avaient point du tout le ton de la plainte, mais qui montraient tout à la fois qu'elle souffrait beaucoup et qu'elle n'était pas au bout de ses maux : « Quelle souffrance ! Mon Dieu, ayez pitié de moi. Que votre sainte volonté s'accomplisse. »

Enfin, ne se sentant pas à l'extrémité, elle me pria de revenir *dans une heure;* mais elle me rappela, fit retirer les Religieuses et me demanda encore l'absolution.

Ce n'était pas *une heure,* c'était *deux jours* encore que Dieu lui imposait pour achever de la purifier.

Le dimanche de Pâques, je revins à midi de Gentilly, et j'eus le bonheur d'être présent à la visite qu'elle reçut de son petit-fils, et qui fut pour elle le sujet d'une grande consolation. Elle lui parla beaucoup plus longuement que je n'aurais cru ; et lorsque je la revis un peu plus tard, je lui dis : « Cette visite a dû bien vous fatiguer ? » — « Ah! mon père, me répondit-elle, quelle consolation! Je vous prie d'en remercier Notre-Dame des Victoires, et de recommander toute ma famille au saint Cœur de Marie et à M. le Curé lui-même. »

J'allai donc le soir même à l'office de l'Archiconfrérie, espérant y trouver le vénérable curé ; mais son grand âge ne lui permet plus d'y assister.

Je retournai le lundi de Pâques, espérant le trouver chez lui après son déjeuner ; mais l'inauguration du boulevard de Sébastopol interceptait les passages ; il me fallut faire un grand circuit pour arriver à Notre-Dame des Victoires, où je ne trouvai plus celui que je cherchais. J'eus la même difficulté pour revenir, et ces retards me contrarièrent d'autant plus, que je ne voulais pas rester longtemps éloigné de la vénérable malade, qui tenait beaucoup à être assistée jusqu'au dernier moment, comme je tenais moi-même à recevoir son dernier soupir.

Quelques mois avant sa mort, la Providence lui avait fait connaître les *Réflexions sur Jésus-Christ mourant*, du *P. Bernard Tribolet. S. J.* Ce livre lui fut très-précieux dans cette dernière maladie. Elle y remarqua entre autres un passage où le pieux auteur disait que, lors même que le malade paraît avoir perdu connaissance, il peut entendre ce qu'on lui dit; et que, par conséquent, on ne doit pas l'abandonner, tant qu'il lui reste un souffle de vie. Quoiqu'il fût question là des pécheurs endurcis, qu'il faut tâcher de convertir jusqu'à la dernière lueur d'espoir, son humilité lui fit prendre pour elle cette recommandation : elle me supplia instamment et à plusieurs reprises de lui continuer mon assistance, lors même que je croirais qu'elle n'en aurait plus besoin ; elle me cita même des faits qui l'avaient convaincue combien une parole de salut peut être utile et parfois nécessaire dans cette extrémité.

Je lui avais donc promis de l'assister jusqu'au bout ; et je crois avoir fait ce qui a dépendu de moi, sacrifiant même une partie de mes autres occupations pour lui assurer, non-seulement les secours essentiels de la Religion, mais cette assistance surabondante qu'elle croyait nécessaire pour elle.

Mais le lundi de Pâques, outre l'obstacle dont j'ai parlé, je me rassurais encore sur la force qu'elle avait montrée dans la visite de la veille. Son petit-fils lui-même, tout en la trouvant bien fatiguée, était loin de la croire si près de sa fin.

Néanmoins, une sorte de pressentiment me poursuivait pendant que j'étais ainsi retardé dans les rues de Paris ; je me sentais plus fortement pressé de prier pour elle. Je craignais que sa belle âme ne m'échappât pendant cette absence forcée. Hélas ! cette crainte était déjà une triste réalité ; je ne méritais pas la consolation de voir mourir une sainte. Quand je pus rentrer chez moi, vers trois heures et demie, j'appris qu'elle avait expiré vers onze heures, pendant qu'on lui récitait les petites invocations JÉSUS, MARIE, *Joseph*, qu'elle avait tant de fois répétées et fait répéter depuis la fondation de son Ordre.

Elle s'efforçait encore de les articuler, lorsque Dieu réalisa en elle cette dernière demande : JÉSUS, MARIE, *Joseph*, faites que je meure paisiblement en votre sainte compagnie.

Et comment ne serait-elle pas morte dans cette sainte compagnie, où elle avait vécu si longtemps?

Ce fut donc le lundi de Pâques, 5 avril 1858, que, selon la remarque d'un pieux ecclésiastique, elle alla chanter au ciel l'*Alleluia*, qu'elle n'avait pu chanter sur la terre.

Sa mort fut pour ses religieuses et pour leurs élèves, le sujet d'un deuil profond; car, quoi qu'on ait pu dire de sa sévérité, qui n'était que justice, elle était tendrement aimée de ses filles.

Quoiqu'elle ne doutât point de leur cœur, elle savait qu'il y en aurait quelques-unes dont la sensibilité serait plus douloureusement affectée par la nouvelle de sa mort; et sa prévoyance maternelle avait pris des mesures pour leur adoucir ce coup terrible. Elle m'avait chargé moi-même d'en consoler quelques-unes, de bouche ou par lettres.

Sa tendre sollicitude s'étendait même à d'anciennes élèves qui, sans être engagées dans l'état religieux, lui gardaient une amitié vraiment filiale.

Je donne la réponse d'une d'entre elles. Si les autres ne se sont pas trouvées dans le cas d'exprimer ainsi leur douleur, elle n'en avaient pas moins dans le cœur les mêmes sentiments; celle-ci sera comme la voix de toutes les autres.

On comprendra que cette lettre n'était pas destinée à la publicité, l'auteur m'en voudra peut-être de l'avoir reproduite, quoique anonyme ; mais j'espère que tout le monde ne m'en saura pas mauvais gré.

« Mon Père, je vous remercie du fond du cœur de votre bonne lettre ; elle soulage ma douleur, tout en me faisant apprécier encore davantage la grandeur de ma perte. Vous le voyez, son cœur lui survit, ce cœur de mère ; elle voudrait pouvoir me consoler elle-même d'une douleur à laquelle il n'y a point de consolation possible.

» Oui, je ferai ce que je pourrai pour suivre ses intentions et me rendre utile ; mais dans ma vie c'est un vide immense, mon bonheur s'est enfui, il s'est éteint ; mes beaux jours sont passés, les roses de ma vie sont fanées. Ah ! j'en ai tant cueilli, et de si délicieuses ! Les sentiers de la vie étaient pour moi si riants ! S'il s'y trouvait des épines, ce cœur de mère était là : j'y versais mes amertumes ; et le baume délicieux de ses consolantes paroles venait les cicatriser et les guérir.

» Je devais mourir mille fois pour une sous un poids si déchirant. Je ne tiens plus à la terre. Je supporterai la vie, puisque, bien malgré moi, la santé m'est revenue. Je veux l'employer de mon mieux, afin que Notre-Seigneur, touché de mes efforts, me réunisse bientôt à ma tendre Mère. Je suis raisonnable, dans le jour, je maîtrise ma douleur, je m'attache à parler beaucoup, afin de penser moins; enfin, je fais tout ce qui dépend de moi. Chaque nuit, je suis avec elle. A la vérité, ces rêves deviennent moins douloureux : je la vois sous une auréole de gloire et de bonheur. Mais lorsque je la saisis et que je crois l'embrasser encore, bientôt je me réveille et ma douleur revient poignante et dure, me dire que je n'ai plus de mère.

» Sa belle âme s'est envolée de la terre ; avec quel amour et quels transports elle a dû être reçue ! Ah ! je voudrais bien la voir, encore un peu seulement ; un regard, et je serais contente. Pourquoi faut-il qu'une fois partie d'ici-bas, nous ne puissions jeter un regard dans l'espace immense qui nous sépare ?

» Mon Père, je veux gagner le ciel, pour revoir ma mère bientôt : le temps me pèse ; et plus j'irai, et plus je sentirai la grandeur de ma perte. Ah! ne demandez plus pour moi qu'une chose, je n'ai qu'un désir : obtenez du bon Maître que ma vie ne soit pas bien longue, mais qu'elle devienne meilleure, afin que je ne sois pas trop longtemps sans revoir ma bonne mère. J'espère qu'elle se souviendra de moi et m'appellera près d'elle ; mais j'ai peur que ce soit trop long. »

Voilà les cœurs que cette mère savait former.

Nous n'avions instruit personne de sa maladie, parce que d'abord, nous ne la croyions pas si grave, ensuite, parce qu'elle-même défendait de répandre ce bruit, pour ne pas inquiéter sa famille ; son petit-fils lui-même y fut trompé comme nous la veille de sa mort.

Mais aussitôt qu'elle eut expiré, on envoya deux Sœurs porter la triste nouvelle à son fils à Montdidier. Moi-même, sans attendre l'impression des lettres de *faire-part*, j'écrivis à Son Eminence, Monseigneur MORLOT, cardinal Archevêque de Paris, et à quelques autres supérieurs ecclésiastiques. Dès le lendemain, je reçus la lettre autographe suivante.

Archevêché de Paris, mardi de Pâques 1858.

Cher Monsieur l'Abbé,

J'ignorais la maladie de la vénérable Mère supérieure, et j'apprends qu'elle n'est plus de ce monde sans m'être douté que nous fussions menacés de la perdre ainsi. C'est pour moi comme pour toute la famille, un deuil véritable et des regrets bien sentis ; car j'avais compris tout d'abord ce que cette âme renfermait de vertus et de ressources. Mais sa tâche en ce monde était finie ; et maintenant, comme vous le dites, elle est entrée dans le lieu du repos, du rafraîchissement et de la paix. Dites bien autour de vous que j'honorerai sa mémoire, que je prierai pour elle et pour tout ce qui lui était cher ici-bas. Demain, j'offrirai le Saint-Sacrifice à cette intention, et tous mes sentiments affectueux et dévoués sont bien acquis à toutes les Fidèles Compagnes de Jésus, dont je réclame le souvenir et les prières.

† F. N. Card. Archevêque de Paris.

Dans toutes les lettres que j'eus à écrire, je disais :
« Nous sommes plus tentés de la prier que de prier
pour elle! » Et lorsque j'allais dire un *De profundis*
auprès de son lit funéraire, j'y ajoutais un *Pater* et
un *Ave* pour lui recommander tous les intérêts, temporels et spirituels, de sa chère Société. Je récitai
près d'elle l'Office des morts la première nuit; mais
j'éprouvais aussi une grande confiance à dire mon
office ordinaire devant ses précieux restes. Je vou-
lus, avant la mise en bière, faire toucher mon cha-
pelet à ses mains si pleines de bonnes œuvres.

Elle avait demandé l'enterrement le plus simple
possible; elle avait même beaucoup insisté sur ce
que la vénérable sœur Rosalie et l'illustre P. de Ravignan n'avaient eu que le corbillard des pauvres.
Différentes considérations, prises surtout du côté de
la famille, ne permirent pas de réaliser ce pieux désir, dont elle eut toutefois le mérite devant Dieu. La
simplicité des funérailles du P. de Ravignan et de la
sœur Rosalie était rehaussée par le nombreux con-
cours qu'une popularité glorieusement acquise y
avait attiré. La révérende Mère d'Houet avait fait *beaucoup de bien*, mais sans *bruit*; les personnes à qui
elle avait fait du bien étaient répandues dans différentes contrées, un assez grand nombre même l'a-
vaient déjà précédée au ciel. Cependant son convoi
forma encore une assez longue et belle procession.
Sans y déployer un grand luxe, on y mit un appareil
convenable.

Différentes circoustances retardèrent la cérémonie jusqu'au jeudi de Pâques. Nous en donnons les détails pour la consolation d'un grand nombre de ses filles, à qui la distance des lieux n'a pas permis d'y assister.

Le jeudi de Pâques, 8 avril 1858, à huit heures du matin, le vénérable curé de Saint-Médard, dont le cœur a toujours été si paternel pour la Maison et si particulièrement attaché à la révérende Mère, vint dire pour elle une messe basse, pendant que son clergé se réunissait pour le service funèbre. A neuf heures arriva M. le chanoine Lequeux, récemment désigné par S. Em. le cardinal archevêque pour remplacer M. Gaume auprès de cette communauté, et qui avait bien voulu s'offrir lui-même pour célébrer la messe d'enterrement.

Bientôt les porteurs viennent prendre le corps, enfermé dans un triple cercueil. Les élèves et la communauté viennent le recevoir, et l'accompagnent processionnellement jusqu'à la chapelle : on le dépose sous le vestibule ; le célébrant vient en faire la levée ; le clergé de Saint-Médard entonne le *De profundis*.

A ce cri si saisissant, si pénétrant, poussé à la fois par les voix mâles des prêtres et des chantres, par les voix limpides des enfants de chœur et par les mille voix de l'orgue, toutes les émotions se réveillent, tous les yeux sont pleins de larmes : c'est le douloureux et attendrissant prélude du dernier adieu.

On entre dans la chapelle, toute tendue de noir ; on introduit le cercueil dans le catafalque, entouré d'une multitude de flambeaux ; la famille de la défunte occupe des places réservées près du sanctuaire ; vis-à-vis sont plusieurs messieurs, qui ont voulu lui rendre ce dernier hommage.

La messe commence : le majestueux *Dies iræ* retentit pour la première fois dans cette enceinte.

Après l'Evangile, le vénérable célébrant, quoique n'ayant vu qu'une fois la révérende Mère, déjà bien souffrante, en fait un digne éloge, lui appliquant cette parole de saint Paul (*Hébr.*, 13) : « Souvenez-vous de vos supérieurs, et, considérant leur fin, imitez leur foi. » Il montre la foi de cette femme, qui, pouvant mener une vie douce et honorable dans le monde, a préféré cette vie de pauvreté, d'abnégation, de sacrifice, de dévouement, pendant laquelle bien des tribulations sans doute sont venues l'assaillir. Sa foi lui a fait supporter tout cela pendant de longues années, pour la gloire de Dieu et le salut des âmes. Quelle doit être maintenant sa récompense ! Imitons sa foi, pour avoir une fin semblable à la sienne.

Après la messe, le corps fut transporté, selon les intentions de la défunte, au petit cimetière qu'elle avait été autorisée à ouvrir dans l'enclos de son Orphelinat de Gentilly. Les demoiselles pensionnaires de la maison de Paris, ayant sollicité la faveur de suivre le cortége funèbre, avaient fait venir à leurs frais des voitures, pour accompagner la dépouille vénérée jusqu'à sa dernière demeure. Aussi, cette extrémité méridionale de Paris, ordinairement assez solitaire, présenta-t-elle ce jour-là une animation inaccoutumée. Tout le long du parcours, un assez grand nombre de personnes, dans une attitude en général convenable, regardaient passer ce long convoi : beaucoup d'hommes se découvraient à la vue du corbillard ; presque toutes les femmes se signaient.

Arrivés aux fortifications, nous pûmes déployer la pompe religieuse que le faux libéralisme de 1830 a bannie des rues de la Capitale. Le bon curé de Gentilly nous attendait depuis une heure sur la limite de sa paroisse, avec tout l'appareil d'un convoi de première classe : croix et bannière, chantres et enfants de chœur, suisse en grande tenue.

Les orphelines de Gentilly étaient venues aussi jusque-là au devant de leur *mère*, avec leurs voiles blancs et leurs cierges de première communion à la main. Elles prirent le devant du cortége avec leur croix et leur bannière.

Nous descendîmes de voiture pour nous joindre à cette procession. Quatre demoiselles, enfants de MARIE, prirent les cordons de la grande bannière de la paroisse ; elles auraient même volontiers porté la bannière elle-même, si on ne l'avait jugée trop lourde pour elles.

En même temps la belle sonnerie de l'Eglise paroissiale annonça le passage du convoi, qui parcourut ainsi les rues de Gentilly au chant du *Miserere* ;

cette longue et imposante procession fut d'un bon effet sur la population, qui la regardait avec recueillement.

En approchant de l'Orphelinat, nous rencontrâmes les bons *Frères des Ecoles chrétiennes*, que le zélé pasteur a établis dans sa paroisse, et qui avaient profité de leur jeudi pour venir voir la cérémonie ; nous les invitâmes à prendre place à la suite du clergé.

La grande porte s'ouvre ; la procession entre et se déploie majestueusement dans le vaste enclos.

Les plus petites orphelines, qui n'avaient pu venir au-devant du corps, l'attendaient, agenouillées, à l'entrée de la grande cour, les larmes aux yeux. Elles se mettent à la suite du corbillard, que l'on conduit ainsi jusqu'à l'entrée de la chapelle, située à l'autre extrémité du jardin ; on y introduit le cercueil, que l'on dépose sur des tréteaux revêtus de noir et entourés de cierges ; on chante le *De profundis*, puis la procession reprend sa marche pour revenir à l'Orphelinat, non loin duquel se trouve le petit cimetière, dont l'emplacement a été fixé, par la préfecture de police, à l'extrémité d'une terrasse.

On range les enfants dans les allées parallèles à la terrasse : c'est de là qu'elles assistent, éplorées, aux dernières prières, pendant lesquelles le triple cercueil est descendu dans une fosse profonde, entièrement revêtue de moellons bien secs, reliés entre eux par du ciment romain.

C'est là que repose ce corps, qui fut, pendant

soixante-seize ans, l'habitacle d'une si belle âme et l'instrument de tant d'œuvres saintes et charitables.

Et pendant que ce corps attend là, sous deux mètres de terre, la gloire que Jésus-Christ réserve à ceux qui ont tout quitté pour le suivre, son âme est déjà sans doute réunie au céleste époux, à qui elle a amené tant de *fidèles compagnes*, tant de pieuses vierges, sans compter celles qu'elle lui amè nera encore : *Adducentur Regi virgines post eam* (Ps. 44).

On peut remarquer encore ici une touchante harmonie : l'inhumation eut lieu le jeudi de Pâques, jour où l'Eglise nous montre *Madeleine au tombeau*, et la défunte s'appelait Madeleine.

Les longues files des religieuses et des élèves viennent successivement jeter de l'eau bénite sur la fosse et dire, en pleurant, un dernier adieu à leur mère. Celles de Gentilly, heureuses de la posséder près d'elles, auront la consolation de venir souvent visiter cette tombe, où la piété filiale a déjà déposé des couronnes et des fleurs, symboles de gloire et d'immortalité.

Le fils de la vénérable défunte se retire profondément ému, et refuse même le déjeuner qui lui était servi ; il remercie avec effusion les religieuses du soin qu'elles ont pris des funérailles, et se montre satisfait de l'ordre et de la droiture avec laquelle les affaires de famille ont été réglées.

M. le curé de Saint-Jacques, qui déjà nous avait

exprimé par lettre son affectueuse sympathie, vint dans la journée, nous en renouveler l'assurance et nous expliquer comment il s'était trouvé, à son grand regret, dans l'impossibilité de venir à la cérémonie.

Telles sont les principales circonstances de la mort et de la sépulture de la vénérable Mère d'Houët. Que nous reste-t-il, que d'honorer sa mémoire en continuant son œuvre autant qu'il est en nous? M. le curé de Saint-Jacques, entre autres paroles consolantes, nous dit : « Elle a si bien organisé tout cela, qu'il vous sera facile de continuer. » Cela est vrai jusqu'à un certain point ; mais de pareilles œuvres sont aussi difficiles à conserver qu'à fonder. Aussi lui répondit-on : « Il faudra que le bon Dieu continue lui-même. »

Espérons toutefois que la sainte femme dont il s'est servi pour commencer l'œuvre, en sera la protrice dans le ciel.

Pour moi, j'ai béni mille fois la Providence de m'avoir appelé à concourir à cette œuvre, ou plutôt à ces œuvres, et de m'avoir mis pendant tant d'années en communication intime avec cette âme d'élite, que je n'étais pas digne de diriger. Je m'estime heureux aussi d'avoir pu rédiger cette Notice, qui, tout imparfaite qu'elle est, pourra faire du bien à d'autres, si j'en juge par celui qu'elle m'a fait à moi-même. Le ministère laborieux dont je me suis chargé pour venir en aide aux Fidèles Compagnes de JÉSUS, m'a obligé d'employer à cet écrit une partie du temps destiné à mes exercices spirituels ; mais je crois pouvoir dire que ces souvenirs si édifiants me faisaient autant de bien que la plus belle méditation.

Nota. Beaucoup de personnes, à Paris, confondent les différentes œuvres que font les Fidèles Compagnes de JÉSUS sous la haute et paternelle autorité de Son Eminence le cardinal Archevêque.

La maison de la rue de la Santé, 67, renferme une communauté assez nombreuse et un *pensionnat de demoiselles*, et non un orphelinat, comme on l'a cru.

L'*Orphelinat* est à Gentilly, au delà des fortifications, rue d'Arcueil, 15.

Le vaste enclos de Gentilly renferme aussi un *petit pensionnat* pour les jeunes personnes des classes moyennes. Cette maison champêtre est en même temps un lieu de promenade et de récréation pour les demoiselles du pensionnat de Paris.

Enfin, la maison de la rue de la Santé s'ouvre aussi, pendant les vacances du mois de septembre, à une soixantaine de personnes, qui viennent y passer *gratuitement* cinq jours de *retraite*. Ainsi, les Fidèles Compagnes de JÉSUS font du bien à toutes sortes de personnes, depuis les plus hauts rangs de la société jusqu'aux classes pauvres et laborieuses.

APPENDICE

SUR

LA R^{de} MÈRE Julie GUILLEMET,

Décédée le 30 Avril 1858.

A peine la tombe de la révérende Mère d'Houet était-elle fermée, qu'il a fallu en ouvrir une autre pour la révérende Mère Julie Guillemet, qu'elle avait désignée comme vicaire générale, en attendant l'élection, et qui ne lui a survécu que vingt-cinq jours.

J'aurai aussi, plus tard, bien des détails intéressants à recueillir sur cette excellente Mère; ici, je dois me borner à une rapide esquisse.

Admise, à quatorze ans, dans la Société naissante des Sœurs fidèles Compagnes de JÉSUS, professe à dix-neuf ans, Mère Julie Guillemet s'est toujours montrée à la hauteur de sa vocation et des importantes charges qui lui ont été confiées.

On peut la regarder comme la seconde fondatrice de son Ordre, au moins pour la province d'Angleterre, dont elle a vu naître et grandir successivement toutes les maisons : c'est elle qui les a soutenues et gouvernées, pendant vingt-huit ans, avec une admirable sagesse, jouissant de la confiance, de l'affection et de l'estime universelle.

Mais pendant que les plus sages venaient chercher auprès d'elle lumière et consolation, elle-même ne faisait rien sans conseil. J'ai vu plus d'une de ses lettres, où, avec la plus respectueuse tendresse, avec une simplicité d'enfant, elle demandait l'avis de sa Supérieure générale ; celle-ci lui répondait : « Vous êtes sur les lieux, vous pouvez mieux voir ce qui convient ; décidez vous-même. » Et l'humble fille répondait à son tour : « Qui sommes-nous pour décider ? »

Cependant, lorsqu'il fallait prendre un parti, elle savait le prendre sans témérité comme sans faiblesse ; et, pendant les quelques semaines qu'il m'a été donné de passer avec elle, j'ai reconnu tout ce qu'il y avait de vigueur et d'élévation dans cette âme si sincèrement humble. A cela se joignaient une bonté de cœur, une affabilité, une charité attentive, indulgente et ferme tout ensemble ; en un mot, toutes les qualités d'une Supérieure accomplie.

Une seule chose lui manquait, la santé.

Déjà la révérende Mère d'Houet m'avait exprimé plus d'une fois ses craintes à cet égard ; elle tremblait à la pensée de la perte qu'aurait faite la Société. Hélas ! ces craintes sont devenues trop tôt une lamentable réalité.

Outre un anévrisme dont elle souffrait depuis longtemps, elle était aussi tourmentée par des rhumatismes.

Peu de jours avant que sa Supérieure générale la fît venir à Paris, elle avait beaucoup souffert d'une fièvre rhumatismale ; mais n'écoutant que l'obéissance et la tendresse de son affection pour sa révérende Mère, elle accourut sans attendre un complet rétablissement.

La mort de celle qui lui était si chère, avec qui elle avait passé tant d'années, ne pouvait qu'aggraver son mal. On remarqua qu'elle pleurait peu ; on admirait en cela la force de sa vertu ; mais on s'inquiétait de ce qu'une douleur, que l'on savait si grande, ne se soulageait point par des larmes. Parfois seulement son exquise sensibilité se faisait jour un instant ; mais bientôt elle imposait silence à la nature ; elle dissimulait ses douleurs physiques et morales sous un air de sérénité angélique, qui était comme l'efflorescence de sa vertu.

Mais le frêle tissu de sa constitution ne put soutenir longtemps cette lutte héroïque. Une de ces crises dont on s'effrayait peu, parce qu'on y était presque habitué, l'emporta subitement le vendredi 30 avril 1858, vers quatre heures du matin. Elle n'aura pas attendu longtemps le samedi de la délivrance promise au saint scapulaire, qu'elle portait.

Ce cœur, dilaté par l'amour divin autant que par la maladie, se rompit enfin, et laissa échapper la belle âme qui le faisait battre depuis un demi-siecle.

Je lui avais communiqué la Notice précédente, mais elle n'avait pu d'abord en lire que quelques fragments; ce ne fut que la veille de sa mort qu'elle se la fit lire tout entière ; elle en fut profondément touchée, et m'en fit exprimer sa reconnaissance le soir même. Hélas! qui m'eût dit que, dès le lendemain, j'aurais à écrire une seconde Notice nécrologique? « C'est sa révérende Mère qui l'a attirée, » dit encore un pieux ecclésiastique. *Adducentur Regi virgines post eam.*

Sa mort, quoique subite, ne fut pas imprévue : toute sa vie l'y avait préparée ; elle avait communié l'avant-veille, avec cet air de souffrance résignée qu'elle apportait souvent à la sainte table.

C'est une colombe qui vient de s'envoler au ciel.

Mais que vont devenir les autres colombes, dont elle était la mère? Ah! le PÈRE céleste en prendra soin.

D'ailleurs n'ont-elles pas maintenant deux mères près du trône de Dieu? Et MARIE aussi n'est-elle pas leur mère? N'est-ce pas le moment de lui dire avec plus de ferveur et de confiance que jamais, ce que leur première mère leur faisait dire tous les jours?

Ma bonne Mère, priez votre cher Fils de nous donner sa sainte bénédiction, et donnez-nous, s'il vous plaît, la vôtre.